AF329630

ÉDITION DE L'*UNION ÉCONOMIQUE DE L'EST*

# TAXES NOUVELLES

SUR LES

# PAIEMENTS ET VERSEMENTS

**EFFETS DE COMMERCE**

**PAIEMENTS CIVILS**

**PAIEMENTS COMMERCIAUX**

**MARCHANDISES ET ÉTABLISSEMENTS DE LUXE**

## LIBRAIRIE ADMINISTRATIVE BERGER-LEVRAULT

| PARIS | NANCY |
|---|---|
| 5-7, Rue des Beaux-Arts | Rue des Glacis, 18 |

1918

Prix : 2 francs net

# INDEX

# AVERTISSEMENT DES ÉDITEURS

La question d'apprentissage demeure plus que jamais à l'ordre du jour ; lorsqu'une bonne fois on décidera de la résoudre, il conviendra de ne pas priver des bienfaits de sa solution la fonction législative. Qui sait même s'il ne faudra pas instaurer une « Ecole de Ministres »?

Déjà les dernières lois élaborées avant la guerre le donnaient à penser : certaines des plus récentes fortifient encore cette conviction.

La loi de finances du 31 décembre 1917, à laquelle a trait en partie cette brochure, est notamment une des plus mal réussies que l'on puisse imaginer.

Aussi la Chambre de Commerce d'Epinal la déclare-t-elle impraticable et demande qu'il soit sursis à son application jusqu'à ce qu'un règlement d'administration publique vraiment pratique ait été promulgué. Cette Compagnie sera sans doute suivie par un grand nombre d'autres Chambres de Commerce : elle vient en tout cas de traduire le sentiment à peu près unanime des industriels, commerçants et agriculteurs soumis à cette nouvelle mécanique mal engrenée et insuffisamment huilée.

Pourtant le contribuable est, en France, d'une exceptionnelle bonne volonté. Prêt à payer tout ce qu'exigent les besoins de l'Etat, il souhaiterait simplement que les impôts dont on a commencé à le charger, et ceux qu'on lui réserve encore, fussent établis sur des formules simples, nettes et compréhensibles pour tous les assujettis, conformes en un mot à notre besoin naturel de clarté.

Il est permis de se demander pourquoi, lorsqu'il s'agit d'extraire du bas de laine ou de la poche des travailleurs et producteurs français des séries de milliards, les victimes ne sont pas consultées. Exiger cette consultation préalable serait peut-être, en effet, de leur part un excès de prétention.

Qu'arrive-t-il ? C'est que des lois de la nature de celle qui nous occupe, figurant parmi les plus importantes en ce qu'elles touchent aux sources de la prospérité du pays, se trouvent bâclées en un tourne-main, — après avoir été préparées par des fonctionnaires assurément pleins de bonne volonté, votées par des sénateurs et députés qui ne leur cèdent point à cet égard — sans que des organismes pratiques, tels que les Chambres de Commerce et les syndicats professionnels, aient été appelés à formuler le moindre avis, parfois même à l'encontre de tels avis.

*Aussi ne peuvent-elles souvent avoir d'autres conséquences que de molester injustement le contribuable honnête, de paralyser les affaires — poule aux œufs d'or de l'Etat — et de favoriser la fraude.*

*Mais pourquoi, dira-t-on, les industriels et commerçants ne recherchent-ils pas eux-mêmes des formules d'impôts susceptibles d'un meilleur rende ment avec le minimum de frais et de tracasseries administratives? Peut-être craignent-ils de ne pas être écoutés et de travailler en pure perte.*

* *

*Quoi qu'il en soit et dans l'attente des jours heureux où le sens pratique se fera davantage sentir dans l'établissement des impôts, nous avons pensé être utiles à tous les intéressés, et ils sont nombreux, en groupant dans cette brochure les textes officiels du 31 décembre 1917 et postérieurs, relatifs aux :*

*Effets de commerce.*
*Paiements civils.*
*Paiements commerciaux.*
*Marchandises et établissements de luxe.*

*Après entretien avec les fonctionnaires les plus qualifiés pour nous donner les meilleures interprétations actuelles de ces textes, nous avons cru pouvoir nous hasarder à les accompagner de quelques exemples.*

*Mais nous nous hâtons de prévenir le lecteur que cette partie du travail lui est offerte sous les plus expresses réserves, en raison des modifications éventuelles et des interprétations nouvelles qui pourraient survenir. Le règlement d'administration publique, daté du 29 mars, n'a pu toucher les intéressés de province que le 1er avril, alors que la loi devait être appliquée le lendemain 2 avril! Nous croyons d'ailleurs savoir que des instructions complémentaires explicatives sont encore à l'étude !...*

*Dans ces conditions, nos commentaires ne peuvent avoir d'autre but que de permettre au contribuable, dans une certaine mesure, de s'orienter au milieu du maquis qu'est à l'heure actuelle la loi du 31 décembre 1917.*

*Il convient d'ajouter que l'administration supérieure a donné des instructions pour que ses agents, chargés de l'application des nouveaux textes, se montrent indulgents pendant la période de mise en train.*

*Comment pourrait-il en être autrement ?*

U. E. E.

# TAXES NOUVELLES

SUR LES

# PAIEMENTS & VERSEMENTS

## LOI

### DU 31 DÉCEMBRE 1917

*(J. O. du 1ᵉʳ Janvier 1918)*

## A) **Effets de commerce**

ART. 18.

A l'expiration d'un délai de trois mois (1) après la promulgation de la présente loi, le tarif du droit proportionnel de timbre établi par l'article 1ᵉʳ de la loi du 5 juin 1850 (2) et applicable aux **effets négociables ou de commerce** autres que ceux tirés de l'étranger sur l'étranger et circulant en France, ainsi qu'aux écrits visés par l'article 4 de la loi du 19 février 1874, est fixé à **vingt centimes** (20 centimes) **par 100 francs** ou **fraction de 100 francs**.

Le droit proportionnel de quinze centimes (15 centimes) par 100 francs ou fraction de 100 francs prévu au second alinéa de

----

(1) Soit à partir du 2 avril 1918 inclus.

(2) **Art. premier de la loi du 5 juin 1850.** — « Le droit de timbre proportionnel sur les lettres de change, billets à ordre ou au porteur, mandats, retraites et tous autres effets négociables ou de commerce, est fixé ainsi qu'il suit :

« A 5 centimes pour les effets de 100 francs et au-dessous ; à 10 centimes pour ceux au-dessus de 100 fr. jusqu'à 200 fr.; à 15 centimes pour ceux au-dessus de 200 fr. jusqu'à 300 fr.; à 20 centimes pour ceux au-dessus de 300 fr. jusqu'à 400 fr.; à 25 centimes pour ceux au-dessus de 400 fr. jusqu'à 500 fr.; à 50 centimes pour ceux au-dessus de 500 fr. jusqu'à 1 000 fr.; à 1 fr. pour ceux au-dessus de 1.000 fr. jusqu'à 2.000 fr.; à 1 fr. 50 pour ceux au-dessus de 2.000 fr. jusqu'à 3.000 fr.; à 2 fr. pour ceux au-dessus de 3.000 fr. jusqu'à 4.000 fr.; et ainsi de suite, en suivant la même progression et sans fractions. » *(Modifié par la loi du 23 août 1871, art. 2, et celle du 19 février, 1874, art. 3. — Voir aussi décret du 4 août 1860, art. 10.)*

l'article 2 de la loi du 5 juin 1850 (1) est porté à soixante centimes (60 centimes) par 100 francs ou fraction de 100 francs.

Toutefois, les effets négociables ou de commerce souscrits en France, tirés sur l'étranger, et payables hors de France, resteront soumis au droit de timbre d'après le tarif édicté par la loi du 5 juin 1850.

## B) **Paiements civils**
### avec titres libératoires de sommes

#### ART. **19.**

A l'expiration du même délai (2), une taxe de **vingt centimes (0 fr. 20) par 100 francs ou fraction de 100 francs**, sans addition de décime, sera perçue sur tous les **titres**, de quelque nature qu'ils soient, **signés ou non signés**, constatant des **payements** ou des **versements** de sommes, soit à des **non-commerçants** pour une **cause quelconque**, soit à des **commerçants** pour une **cause autre que l'exercice de leur commerce**. En ce qui concerne lesdits titres, la taxe est **substituée au droit de timbre** établi par les articles 18 de la loi du 23 août 1871 (3) et 28 de la loi du 15 juillet 1914 (4) sur les titres emportant **libération, reçu ou décharge de sommes.**

#### ART. **20.**

Sont seuls **exemptés** de la taxe de 20 centimes par 100 francs et **continuent d'être soumis**, chacun en ce qui les concerne, **aux droits de timbre en vigueur:**

(1) Art. 2 de la loi du 5 juin 1850. — « Celui qui reçoit du souscripteur un effet non timbré conformément à l'article 1er est tenu de le faire viser pour timbre dans les quinze jours de sa date, ou avant l'échéance, si cet effet a moins de quinze jours de date, et dans tous les cas avant toute négociation. — Ce visa pour timbre sera soumis à un droit de 15 centimes par 100 fr. ou fraction de 100 fr., qui s'ajoutera au montant de l'effet, nonobstant toute stipulation contraire. » *(Voir décrets des 4 août 1860, art. 10, et 24 octobre 1860; loi du 23 août 1871, art. 2, § 1; loi du 19 février 1874, art. 5.)*

(2) Trois mois après la promulgation de la présente loi, soit à partir du 2 avril 1918 inclusivement.

(3) Art. 18 de la loi du 23 août 1871. — A partir du 1er décembre 1871, sont soumis à un droit de timbre de 10 centimes : 1° les quittances ou acquits donnés au pied des factures et mémoires, les quittances pures et simples, reçus ou décharges de sommes, titres, valeurs ou objets et généralement tous les titres de quelque nature qu'ils soient, signés ou non signés, qui emporteraient libération, reçu ou décharge. »

(4) Art. 28 de la loi du 15 juillet 1914. — « Le droit de timbre de 10 centimes, auquel sont soumis, en vertu de l'article 18 de la loi du 23 août 1871, les titres emportant libération, reçu ou décharge de sommes, est élevé :

« A 20 centimes pour les sommes supérieures à 200 fr., mais n'excédant pas 500 fr.; à 30 centimes pour les sommes supérieures à 500 fr., mais n'excédant pas 1.000 fr.; à 40 centimes pour les sommes supérieures à 1.000 fr., mais n'excédant pas 3.000 fr.; à 50 centimes pour les sommes supérieures à 3.000 fr. »

1° Les **titres** constatant l'extinction d'une dette par voie de compensation légale ou de confusion ;

2° Les **acquits** inscrits sur les **chèques** ainsi que sur les **lettres de change, billets à ordre** et **autres effets de commerce** assujettis au droit proportionnel de timbre ;

3° Le **renouvellement des lettres de change, billets à ordre** et **autres effets de commerce**, qui reste soumis aux droits établis par l'article 1er de la loi du 5 juin 1850 (1) ;

4° Les **quittances ou reçus de 10 francs et au-dessous**, quand il ne s'agit pas d'un acompte ou d'une quittance finale sur une plus forte somme ;

5° Les **quittances** énumérées dans l'article 20, 3e et 4e paragraphes de la loi du 23 août 1871 (2) ;

6° Les **reçus** délivrés par les banques aux clients titulaires de **comptes de dépôts**, ainsi que les reçus donnés par lesdits titulaires, lorsqu'ils ont exclusivement pour objet de **constater** les **versements** ou les **retraits** effectués par les clients au crédit ou au débit de leur propre compte ;

7° Les **quittances** ou **reçus de sommes déposées ou consignées** chez des officiers publics ou ministériels, en leur dite qualité, lorsqu'elles n'opèrent pas vis-à-vis des tiers la libération des déposants et les **décharges** que donnent les déposants, ou leurs ayants

---

(1) Modifiée par la loi du 31 décembre 1917, art. 13 (Voir page 1).

(2) Art. 20 de la loi du 23 août 1871. — « § 3. Les quittances énumérées en l'article 16 de la loi du 13 brumaire an VII (*), à l'exception de celles relatives aux traitements et émoluments des fonctionnaires, officiers des armées de terre et de mer et employés salariés par l'Etat, les départements, les communes et tous établissements publics ; — « § 4. Les quittances délivrées par les comptables des deniers publics, celles des douanes, des contributions indirectes et des postes, qui restent soumises à la législation qui leur est spéciale. »

---

(*) Art. 16 de la loi du 13 brumaire an VII. — « Sont exceptés du droit et de la formalité du timbre, savoir :

« 1° Les actes du Corps législatif et ceux du Directoire exécutif ; — Les minutes de tous les actes, arrêtés, décisions et délibérations de l'administration publique en général, et de tous les établissements publics, dans tous les cas où aucun de ces actes n'est sujet à l'enregistrement sur la minute et les extraits, copies et expéditions qui s'expédient ou se délivrent par une administration publique, ou un fonctionnaire public, à une autre administration ou à un fonctionnaire public lorsqu'il y est fait mention de cette destination ; — Les inscriptions sur le grand-livre de la dette nationale et les effets publics ; — Tous les comptes rendus par des comptables publics ; — Les doubles, autres que celui du comptable, de chaque compte de recette ou gestion particulière ou privée ; — Les quittances de traitements et émoluments des fonctionnaires et employés salariés par la République ; — Les quittances ou récépissés, délivrés aux collecteurs et receveurs de deniers publics ; — Celles que les collecteurs des contributions indirectes peuvent délivrer aux contribuables ; celles de contributions indirectes qui s'expédient sur les actes, et celles de toutes autres contributions qui se délivrent sur feuilles particulières, et qui n'excèdent pas dix francs ; — Les quittances de secours payées aux indigents et des indemnités pour incendies, inondations, épizooties et autres cas fortuits ; — Toutes autres quittances, même celles entre

cause auxdits officiers publics ou ministériels, lorsque la **remise** des sommes consignées ou déposées est **faite**.

### ART. 21.

Le **droit** prévu à l'article 19 est **dû** pour **chaque reçu**, décharge, quittance ou acte constatant un payement. Il peut être **acquitté** par l'apposition de **timbres mobiles** dont les conditions d'emploi seront déterminées par un règlement d'administration publique (1).

Les dispositions des articles 20 et 21 de la loi du 11 juin 1859 sont applicables aux titres sur lesquels les timbres mobiles auront été apposés. Une remise de 2 p. 0/0 sur le timbre est accordée à titre de déchet à ceux qui feront timbrer préalablement leurs formules de quittances ou décharges de sommes.

### ART. 22.

Toute contravention aux dispositions de l'article 19 ou du règlement d'administration publique prévu à l'article 21 sera punie d'une amende de 6 0/0 de la somme sur laquelle l'impôt n'aura pas été acquitté, sans que cette amende puisse être inférieure à 50 francs en principal.

L'impôt est **à la charge de la partie qui aura effectué** le **payement** ou le **versement** ; néanmoins, **la personne qui a donné quittance**, reçu ou décharge en contravention de l'article 19 est **tenue**

---

particuliers, pour créances en sommes, non excédant dix francs, quand il ne s'agit pas d'un acompte ou d'une quittance finale sur une plus forte somme ; — Les engagements, enrôlements, congés, certificats, cartouches, passeports, quittances pour prêts et fournitures, billets d'étapes, de subsistance et de logement, et autres pièces ou écritures concernant les gens de guerre, tant pour le service de terre que pour le service de mer ; — Les pétitions présentées au Corps législatif, celles qui ont pour objet des demandes de congés absolus et limités et de secours, et les pétitions des déportés et réfugiés des colonies, tendant à obtenir des certificats de résidence, passeports et passages pour retourner dans leurs pays ; — Les certificats d'indigence ; — Les rôles qui sont fournis pour l'appel des causes ; — Les actes de police générale et de vindicte publique, et ceux des commissaires du Directoire exécutif non soumis à la formalité de l'enregistrement, et les copies des pièces de procédure criminelle délivrées sans frais ;

« 2. — Les registres de toutes les administrations publiques et des établissements publics pour ordre et administration générale ; ceux des tribunaux, des accusateurs publics et des commissaires du Directoire exécutif, où il ne se transcrit aucune minute d'actes soumis à la formalité de l'enregistrement ; ceux des receveurs des contributions publiques et autres préposés publics. » (*Voir Ordonnance du 10 octobre 1834 ; décrets des 4 août et 24 octobre 1860 ; lois des 8 juillet 1865, art. 4, et 25 août 1874.]*

*[Nous avons tenu à donner ce texte entier pour montrer à quelles références archaïques nos lois les plus récentes renvoient le contribuable.*

*Tout cet arsenal de lois, véritable musée où les instruments de torture moyenâgeux voisinent avec ceux plus raffinés inventés par les ministres des finances de la IIIe République, ne devrait-il pas être rajeuni ?*

*Chaque loi nouvelle ne devrait-elle pas être un tout en elle-même, — complet, bien mis au point, — sans rattachement à des textes anciens généralement ignorés ?]*

(1) Voir page 17.

**personnellement** et sans recours, nonobstant toute stipulation contraire, du montant des droits, frais et amendes.

Les contraventions sont constatées et poursuivies dans les formes prescrites et par les agents désignés par l'article 23 de la loi du 23 août 1871. Il est attribué à ces agents un dixième des sommes recouvrées.

---

### C) Paiements commerciaux
#### de vente au détail ou à la consommation

ART. 23.

A l'expiration d'un délai de trois mois après la promulgation de la présente loi (1), le **payement** de la **vente au détail** ou à la **consommation** de toutes **marchandises, denrées, fournitures ou objets quelconques** est frappé, au profit de l'État, **lorsque ce payement dépasse 150 francs**, d'une taxe de **20 centimes par 100 francs ou fraction de 100 francs**, sans addition de décimes.

Ladite **taxe** est également perçue sur **tous les titres** de quelque nature qu'ils soient, **signés ou non signés**, qui pourraient être remis par le vendeur en constatation de payements effectués **inférieurs à 150 francs**, mais **supérieurs à 10 francs**.

Dans les cas ci-dessus, la taxe remplace le droit de timbre établi par les articles 18 de la loi du 23 août 1871 et 28 de la loi du 15 juillet 1914 sur les titres emportant libération, reçu ou décharge de sommes (2).

Est **soumis à la taxe** le payement des **marchandises importées**, lorsque ces marchandises sont **destinées aux consommateurs**.

En sont **exempts** les payements des **livraisons** à l'étranger de marchandises **fabriquées ou produites en France**.

Les mesures nécessaires pour assurer le payement de la taxe sur les payements de marchandises importées ainsi que la franchise de l'impôt sur les payements d'objets exportés seront réglés par des arrêtés du Ministre des Finances.

ART. 24.

L'**impôt** établi par l'article précédent est **à la charge de l'acquéreur** ou du **consommateur** et doit être versé lors du payement total ou partiel du prix.

---

(1) Soit à partir du 2 avril inclusivement.
(2) Voir page 2.

La perception de la taxe sera constatée dans les conditions prescrites par un règlement d'administration publique (1).

ART. 25.

**Le commerçant est tenu de représenter** tant au siège de son principal établissement que dans ses agences ou succursales, aux agents de l'enregistrement et tous autres agents spéciaux des finances, **un livre spécial** dont la forme sera déterminée par un règlement d'administration publique (1).

Tout refus de communication sera constaté par un procès-verbal et soumis aux sanctions édictées par l'article 5 de la loi du 17 avril 1906.

Le règlement d'administration publique prévu à l'article 21 déterminera les **lieux** et les **époques de versement** de l'impôt au bureau administratif compétent, la forme des quittances à délivrer ainsi que toutes les autres mesures nécessaires pour l'exécution des dispositions contenues dans le présent article et dans les articles 23 et 24.

ART. 26.

Tout vendeur, tout acquéreur ou consommateur qui auront contrevenu aux dispositions des articles 23, 24 et 25 de la présente loi ou du règlement d'administration publique, seront punis d'une amende de 6 p. 0/0 de la somme sur laquelle l'impôt n'aura pas été régulièrement acquitté, sans que cette amende puisse être inférieure à 50 francs en principal.

Le recouvrement du droit simple est poursuivi contre le vendeur, sauf le recours de celui-ci contre l'acquéreur ou consommateur.

L'amende prévue au paragraphe 1er du présent article pourra, à chaque récidive, être majorée de 25 p. 0/0.

Les contraventions sont constatées au moyen de procès-verbaux par les agents de l'enregistrement, les officiers de police judiciaire, les agents de la force publique, ceux des contributions directes, des contributions indirectes, des douanes et des octrois. Il leur est attribué un dixième des amendes recouvrées.

L'action de l'administration se prescrit par trois ans à compter de la découverte de l'infraction.

Les instances sont introduites et jugées suivant les formes prescrites par l'article 76 de la loi du 28 avril 1816.

---

(1) **Voir page 17.**

## D) Marchandises de luxe

### ART. 27.

Trois mois après la promulgation de la présente loi (1), une **taxe de 10 p. 0/0** sera instituée sur le **payement** des **marchandises, denrées, fournitures** ou **objets** quelconques, offerts **au détail ou à la consommation** sous quelque forme et dans quelque condition que ce soit, par un **commerçant ou** par un **non-commerçant**, si ces marchandises, denrées, fournitures ou objets quelconques sont **classés comme étant de luxe** (2).

La désignation des marchandises, denrées, fournitures ou objets quelconques soumis à la taxe de 10 p. 0/0 sera faite par une loi après avis d'une commission constituée par décret (3).

En cas de **vente publique**, le **droit d'enregistrement** perçu sur le procès-verbal sera porté à **10 p. 0/0** du prix des marchandises et objets de cette catégorie. Ladite majoration ne sera toutefois pas appliquée dans le cas de vente par **licitation forcée**.

**Toute transaction** portant sur une marchandise ou un objet de luxe, quel qu'en soit le prix, est obligatoirement **constatée**, lorsque le vendeur est **commerçant**, par l'inscription sur un **livre de commerce** agréé par l'administration. Le vendeur non commerçant devra délivrer **quittance**.

Toutes les dispositions des trois derniers paragraphes de l'article 23 et celles des articles 24, 25 et 26 de la présente loi sont applicables à la taxe de 10 p. 0/0 prévue au présent article.

Toutefois la **perception** de la taxe sera **toujours constatée** par **l'apposition de timbres mobiles** sur l'écrit libératoire.

---

## E) Établissements de luxe

### ART. 28.

Les dépenses afférentes au **logement** ou à la **consommation sur place** de **boissons** et **denrées alimentaires** quelconques seront passibles d'une **taxe de 10 p. 0/0** lorsqu'elles seront effectuées dans un établissement qui, en raison de la catégorie de sa clientèle, de son

---

(1) Soit à partir du 2 avril inclusivement.

(2) *Loi du 5 avril 1918*, complétant l'article 27 de la loi du 31 décembre 1917. — Art. unique. — L'article 27 de la loi du 31 décembre 1917 est complété par le paragraphe suivant : « § 2. Sont **exonérés** de cette taxe les payements de marchandises, denrées, fournitures ou objets quelconques **achetés avant le** 1er janvier 1918. »

(3) Voir page 9.

mode d'exploitation, de l'élévation de ses prix de base et de son importance sur la place, peut être considéré comme **établissement de luxe.**

Le classement desdits établissements sera opéré par une **commission de département,** composée de trois commerçants désignés par le tribunal ou les tribunaux de commerce, deux représentants du syndicat du commerce intéressé, d'un délégué du Ministre du Commerce, d'un délégué du Ministre des Finances.

La commission élit son président et prend ses décisions à la pluralité des voix. La présence de quatre membres au moins est nécessaire à la validité des décisions. Chaque **décision** est **notifiée au chef de la maison** ou de l'établissement classé, par **lettre recommandée,** avec accusé de réception.

Dans le **délai d'un mois** à dater de cette notification, appel peut être interjeté, soit par le chef de l'établissement, soit par le directeur de l'enregistrement.

Les **appels** sont portés devant une **commission supérieure** composée de :

Un délégué du Ministre du Commerce, *président ;*

Un délégué du Ministre des Finances ;

Trois membres désignés par la réunion des présidents de chambres de commerce, ou, à défaut, par le Ministre du Commerce ;

Deux membres désignés par les syndicats du commerce exercé par l'établissement classé.

La commission supérieure statue sur mémoire. Ses décisions ne peuvent être attaquées que pour excès de pouvoir ou violation de la loi devant le Conseil d'État. Mais l'intéressé et le directeur de l'enregistrement peuvent, après une année révolue, réclamer de la commission un nouvel examen, et ainsi d'année en année.

Un décret déterminera les conditions du fonctionnement des commissions de département et de la commission supérieure (1).

**Seuls les établissements classés** et soumis comme tels à la taxe de 10 p. 0/0 **auront le droit** de prendre dans les **enseignes, réclames, annonces, guides, publications,** etc., la **qualification d'établissement de luxe ou de premier ordre,** toute infraction entraînant le classement d'office.

**Toutes les dispositions** des articles 24, 25 et 26 de la présente loi sont applicables à la taxe prévue au présent article.

---

(1) Voir page 13.

# CLASSEMENT

## DES MARCHANDISES DE LUXE

---

### LOI DU 22 MARS 1918

*(Journal Officiel* du 24 Mars 1918)

---

**Désignation des marchandises, denrées, fournitures ou objets quelconques soumis à la taxe de 10 %, établie par l'article 27 de la loi du 31 décembre 1917.**

---

ARTICLE PREMIER. — Sont classés comme étant de luxe et soumis à la taxe de 10 % établie par l'article 27 de la loi du 31 décembre 1917 les **marchandises**, denrées, fournitures ou objets quelconques **énumérés aux tableaux A et B** annexés à la présente loi.

ART. 2. — La **perception** de la taxe de 10 % instituée par les articles 27 et 28 de la loi du 31 décembre 1917 suivra les sommes **de 1 franc en 1 franc,** inclusivement et sans fraction.

Sont exempts de la taxe les payements ou dépenses inférieurs à un franc (1 franc), quand il ne s'agit pas d'un acompte sur une plus forte somme.

ART. 3. — Un règlement d'administration publique déterminera les mesures d'exécution applicables aux dispositions qui précèdent, et le montant de la remise qui pourra être allouée aux commerçants (1).

---

(1) Voir page 17.

## TABLEAU A

### Objets soumis à la taxe en raison de leur nature, quel que soit leur prix

1. **Appareils** de photographie, objectifs et accessoires ;
2. **Automobiles** servant au transport des personnes, leurs châssis, carrosserie ;
3. **Bijouterie** d'or ou de platine ;
4. **Billards** et accessoires ;
5. **Bonneterie** et lingerie de soie, pure ou mélangée ;
6. **Bronzes** d'art, ferronnerie et serrurerie d'art ;
7. **Chevaux**, poneys, ânes, mules et mulets de luxe (1) ;
8. **Curiosités**, antiquités et tous objets de collection ;
9. **Eaux-de-vie**, liqueurs, apéritifs, vins de liqueurs ;
10. **Fusils** de chasse, articles de chasse ou d'armurerie ;
11. **Gibier** vivant pour chasse ou repeuplement ;
12. **Harnachement** pour chevaux de selle ;
13. **Joaillerie** fine ;
14. **Librairie** : éditions d'art sur papiers spéciaux à tirage limité ;
15. **Livrées** ;
16. **Montres** en or ou en platine ;
17. **Orfèvrerie** d'or, d'argent ou de platine ;
18. **Parfumerie** (fards, parfums, essences, extraits, etc.), à l'exclusion des savons et des dentifrices ;
19. **Peintures**, aquarelles, pastels, dessins, sculpture originale ;
    (Sont exemptes de la taxe les œuvres originales de cette catégorie vendues directement par l'auteur) ;
20. **Perles** fines ;
21. **Pianos** autres que les pianos droits ;
22. **Pierres** précieuses, gemmes naturelles ;
23. **Tapisseries** anciennes ou modernes, en laine ou en soie, tissées au métier ou à la main ; tapis d'Orient ; tapis de savonnerie ;
24. **Truffes**, volailles et gibiers truffés, pâtés truffés ;
25. **Vêtements** de vénerie, amazones ;
26. **Canots** et bateaux de plaisance à propulsion mécanique, yachts.

## TABLEAU B

### Objets soumis à la taxe lorsque le prix de vente excédera le prix porté ci-dessous

|  | la pièce |
|---|---|
| 1. **Abat-jour** .......... fr. | 10 |
| 2. **Accessoires de vêtements** : | |
| Hommes ............... | 10 |
| Femmes .............. | 10 |
| 8. **Animaux** d'agrément ; | |
| Chiens ............... | 40 |
| Autres animaux .......... | 10 |
| 4. **Ameublement** (articles d') et accessoires ............. | 10 |
| 5. **Articles de Paris**, articles de fantaisie ou d'Orient en toutes matières, sauf ceux compris au tableau A ............. | 10 |
| 6. **Articles de Fantaisie** pour bureau .................. | 10 |
| 7. **Articles de Fumeurs** ...... | 10 |
| 8. **Articles de Piété** ........ | 10 |
| 9. **Bicyclettes** .......... | 250 |
| 10. **Bijouterie** d'argent ...... | 10 |
| 11. **Bijouterie** imitation ou doublé ou en matières non précieuses ............. | 10 |
| 12. **Bonneterie**, lingerie de corps : | |
| Enfants ............... | 20 |
| Hommes ............... | 40 |
| Femmes ............... | 40 |

---

(1) Les éleveurs n'ont pas à supporter la taxe.

la pièce

13. **Brosserie**, peignes, autres objets de toilette ............. 10

14. **Cadres** ............. 10

15. **Cannes,** cravaches ...... 10

16. **Céramique** :

*a*) Service de table douze couverts (116 pièces environ)...... 200
   Petites pièces isolées ...... 2
   Petites pièces moyennes... 5
   Grosses pièces ............. 15

*b*) Service de toilette complet. 30
   La pièce isolée ............. 10

*c*) Service à thé ou à café .... 30
   Petite pièce isolée......... 2
   Grosse pièce ............. 10

17. **Chapellerie** pour hommes 20

18. **Chapeaux** de femmes.... 40

19. **Chaussures**, la paire :
   Enfants.................. 25
   Femmes ................. 40
   Hommes ................. 50

20. **Chocolat**, confiserie, bonbons, le kilogramme ......... 8

21. **Corsets**, ceintures....... 50

22. *a*) **Costumes** complets ou pardessus :
   D'enfants ... ............. 80
   De garçonnets ............ 125
   D'hommes (habit, redingote, jaquette).......... 200

*b*) Complet veston pour hommes..... ............. 175

*c*) Pièces séparées :
   Gilet.................... 25
   Pantalon ............... 50
   Habit, smoking, redingote, jaquette................. 125
   Veston ............. 100

*d*) Costumes ou manteaux :
   Fillettes ............. 150
   Dames.................. 250

*e*) Pièces séparées :
   Jupes................... 100
   Corsages ............. 80

23. **Couverture**, couvre-pieds, édredons................. 100

24. **Coutellerie**, ciseaux, par article................. 10

25. **Dentelles**, broderies :
   Le mètre :
     A la mécanique.. ..... 2
     A la main ........... 10
   A la pièce :
     A la mécanique......... 6
     A la main ........... 30

26. **Eventails**.............. 10

27. **Fleurs** artificielles ou stérilisées, l'achat............. 10

la pièce

28. **Fleurs** naturelles, plantes de serres ou d'appartements, l'achat...................... 10

29. **Fourrures**... .......... 100

30. **Ganterie**, la paire....... 8

31. **Garnitures** de foyers .... 100

32. **Gravures**, estampes, photographies d'art et reproductions d'œuvres d'art.......... 100

33. **Guêtres**, jambières, la paire... .................. 30

34. **Instruments** de jeux et de sport .................. 25

35. **Instruments** de pêche... 10

36. **Instruments** de musique autres que le piano (phonographes, gramophones, pianos mécaniques et tous les accessoires) 150

37. **Jumelles**, lorgnettes, face-à-main.. .................. 30

38. **Jouets**................. 20

39. **Lampes**, appliques...... 50

40. **Linge** de maison :
   Le drap ................. 60
   La taie................. 10
   La nappe, le mètre carré. 15
   La serviette de table ou de toilette................. 4
   Tous autres articles ...... 4

41. **Lustres**, suspensions, plafonniers.................. 100

42. **Malles** ............. 100

43. **Maroquinerie** ......... 25

44. **Meubles** :
   De chambre à coucher, de salon, de salle à manger, de cabinet de travail, par ensemble et pour chaque.......... 1.500

   Par pièce :
     La petite ............. 100
     La pièce moyenne... ... 250
     La grosse ............. 500

45. **Miroiterie** :
   Miroirs ............. 20
   Glaces encadrées.......... 100

46. **Motocyclettes**, side-cars, cycles cars et similaires...... 2 000

47. **Montres** autres que celles visées au tableau A.......... 50

48. **Mouchoirs**, la douzaine.. 18

49. **Objets** d'ornement ou d'étagères............. 10

50. **Orfèvrerie** en métal commun dorée, argentée ou non, à l'exception des couverts de table, la pièce.................. 15

la pièce

51. **Parapluies, parasols, ombrelles**.............................. 25

52. **Parfumerie** : objets autres que ceux classés au tableau A :
Savons, la pièce............... 2
Dentifrice, le litre........... 15
Alcool de toilette........... 15

53. **Parures en plumes**........ 25

54. **Pendules, cartels, horloges**........................... 100

55. **Pelleteries**. ............ 50

56. **Photographies** :
Portraits, la douzaine..... 40
Agrandissements, la pièce. 40

57. **Pianos** droits et harmoniums............................ 1.200

58. **Plumes de parure**....... 10

59. **Réveille-matin, pendules** de voyage, pendulettes de bureau............................ 20

60. **Rideaux**, encadrements de lits, porte-fenêtres :
Par rideau ou encadrement 100
Portière double........... 100
Portière simple........... 60
Par décoration de lit..... 50

61. **Rideaux** de vitrage, brisebise, la paire ............... 30

62. **Reliure**, par volume :
In-8° et formats plus petits. 10
In-folio et in-4°........... 20

63. **Rubans**, passementerie, le mètre....................... 5

64. **Sacs** de dames........... 40

65. **Sellerie** :
Harnais complet pour voiture ........................... 600
Pièce isolée.............. 150

66. **Stores** de vitrage ou de fenêtre........................... 50

67. **Sujets** en bronze d'imitation............................... 10

68. **Tapis** :
Carpettes................ 100
Descentes de lit ou foyer. 25
Tapis cloués, le mètre ($1^m \times 0^m70$)................. 20
Tapis cloués (largeur sup.). 25

69. **Tapis** de table, dessus de lit................................ 80

70. **Tissus** pour vêtements ou ameublement, le mètre carré.. 20

71. **Tentures** murales de toutes natures, le mètre carré.... 5

72. **Vêtements** d'appartement, peignoirs, pyjamas, robes de chambre....................... 80

73. **Valises**, sacs de voyage.. 75

74. **Verrerie** et cristallerie :
a) Grands verres............ 2
b) Petits verres............. 1 fr. 50
c) Pièces de toilette ou de bureau....................... 10
d) Grosses pièces, carafes, pichets ou analogues......... 10

75. **Vins** :
En bouteilles.. ........... 5
En fûts, par litre......... 3

76. **Voitures** à chevaux pour le service particulier.......... 1.000

77 **Volières**, cages......... 10

Annexé à la loi du 22 mars 1918.

# CLASSEMENT

## DES ÉTABLISSEMENTS DE LUXE

---

### DÉCRET DU 5 FÉVRIER 1918 (1)

*(Journal Officiel* du 6 février 1918)

---

## I. — Commissions de département

ARTICLE PREMIER. — La commission de département, dont la composition est déterminée par l'article 28 de la loi du 31 décembre 1917, a son siège au chef-lieu du département, dans un local désigné par le préfet.

ART. 2. — A la demande du garde des sceaux, ministre de la justice, le ou les tribunaux de commerce et de première instance, jugeant les affaires commerciales, désigne, dans chaque département, six commerçants dont trois font partie de la commission en qualité de membres titulaires et trois en qualité de membres suppléants.

Ces désignations seront faites dans les conditions déterminées d'un commun accord par les présidents des diverses juridictions intéressées, sur l'initiative du président du tribunal de commerce siégeant au chef-lieu du département ou, à défaut, du président de la juridiction commerciale siégeant dans la ville la plus peuplée.

Au cas où, dans un délai de quinzaine à dater de la demande du garde des sceaux, les délégués n'auraient pas été ainsi désignés, il sera procédé à leur élection, à la majorité des voix, par l'ensemble des membres des diverses juridictions commerciales du département, réunis d'office dans le délai de huitaine au siège du tribunal de commerce du chef-lieu du département ou de la juridiction commerciale siégeant dans la ville la plus peuplée, sur la convocation du président.

Le vote aura lieu au scrutin secret. Il pourra être effectué par correspondance. Les suffrages seront recueillis par le président du tribunal, assisté des deux magistrats présents les plus âgés.

Dans tous les cas, un procès-verbal constatant la désignation des délégués sera adressé par le président tant au préfet du département qu'au procureur général près la cour d'appel.

---

(1) Sauf paragraphes : Commission supérieure et Revision.

Quatre représentants du syndicat de chaque commerce intéressé, dont deux titulaires et deux suppléants, sont désignés dans chaque département à la demande du ministre du commerce.

Art. 3. — Les membres suppléants sont appelés successivement, dans l'ordre de leur désignation, à remplacer les membres titulaires démissionnaires, décédés ou empêchés.

Chaque fois que deux vacances se produisent parmi les membres suppléants désignés, soit par le ou les tribunaux de commerce, soit par le syndicat de chaque commerce intéressé, il y est pourvu dans la même forme.

Les listes primitives et complémentaires des membres titulaires et suppléants des commissions départementales sont publiées par décret.

Art. 4. — Les membres de la commission se réunissent pour la première fois sur avis du délégué du ministre des finances.

La commission élit son président et règle elle-même l'ordre de ses travaux.

Il est mis à sa disposition par l'administration de l'enregistrement un agent qui remplit les fonctions de secrétaire et conserve les archives.

Le siège du secrétariat est à la direction départementale de l'enregistrement.

Le secrétaire ne prend aucune part aux délibérations. Il dresse procès-verbal de chaque séance. Il tient un registre des décisions et appels.

La commission désigne un rapporteur pour chaque affaire ; **elle entend, s'il y a lieu, dans leurs explications, les chefs des maisons ou établissements intéressés.**

Les décisions sont prises à la pluralité des voix. En cas de partage égal, la voix du président est prépondérante.

La présence de quatre membres au moins est nécessaire à la validité des décisions.

Les décisions mentionnent les noms des membres ayant délibéré ; elles contiennent les nom et qualités des parties, leurs conclusions et le visa des pièces principales ; elles sont signées par le président, le rapporteur et le secrétaire.

Art. 5. — Une **ampliation de chaque décision,** signée par le secrétaire, est **notifiée par lettre recommandée,** avec accusé de réception, **au chef de la maison ou établissement classé.**

Les frais de notification sont à la charge de l'administration de l'enregistrement.

Avis des décisions est également donné au directeur départemental de l'enregistrement, avec l'indication, pour chaque maison ou établissement classé, de la date de la notification au chef de cette maison ou établissement.

Mention sommaire de ces formalités est faite par le secrétaire en marge de chaque décision.

# DÉCRET

## DU 29 MARS 1918

### Comportant Règlement d'Administration publique

(*Journal Officiel* du 30 Mars 1918)

---

## TITRE PREMIER

### Taxe sur les Titres

constatant des payements ou des versements faits, soit à des non commerçants pour une cause quelconque, soit à des commerçants pour une cause autre que l'exercice de leur commerce.

ARTICLE PREMIER. — La **taxe** établie par **l'article 19** de la loi du 31 décembre 1917 sur les **titres** constatant des payements ou des versements de sommes soit à des non commerçants pour une cause quelconque, soit à des commerçants pour une cause autre que l'exercice de leur commerce est acquittée au moyen de l'apposition de **timbres mobiles** sur les titres, de quelque nature qu'ils soient, signés ou non signés.

Il est créé, pour l'acquittement de la taxe de 20 centimes pour 100 prévue aux articles 19 et 23 de la loi, des timbres mobiles représentant les valeurs suivantes :

**20 centimes, 40 centimes, 60 centimes, 80 centimes, 1 fr., 1 fr. 20, 1 fr. 40, 1 fr. 60, 1 fr. 80, 2, 4, 6, 8, 10, 20, 40 et 100 francs.**

Ces timbres sont conformes au modèle annexé au présent décret. Leur couleur peut être modifiée par arrêté du ministre des finances.

Le ministre des finances détermine également le type des timbres à l'extraordinaire qu'il estimerait y avoir lieu de créer pour une ou plusieurs des valeurs prévues ci-dessus.

ART. 2. — Les **timbres** sont immédiatement **oblitérés** par l'apposition, à l'encre noire, en travers des timbres, de la **signature du créancier** ou de celui qui donne reçu, ainsi que de la **date de l'oblitération.**

Cette signature peut être remplacée par une griffe, apposée à l'encre grasse, faisant connaître le nom ou la raison sociale du créancier, sa résidence et la date de l'oblitération du timbre.

ART. 3. — Les ordonnances, taxes, exécutoires et généralement tous mandats payables sur les caisses publiques, les bordereaux, quittances, reçus ou autres pièces peuvent être revêtus du timbre mobile par les agents chargés du payement. Le timbre est oblitéré au moyen d'une griffe par ces agents, qui demeurent responsables des contraventions commises à raison des pièces acquittées à leur caisse.

Les sociétés et compagnies, assureurs, entrepreneurs de transport et tous autres assujettis aux vérifications des agents de l'enregistrement, par l'article 22 de la loi du 23 août 1871 et par les lois antérieures ou postérieures, peuvent également, sous leur responsabilité, user de la même faculté, en ce qui concerne les **actions, obligations, dividendes et intérêts payables au porteur,** les **rentes sur l'étranger,** ainsi que toutes autres pièces de dépenses, états de solde et d'émargement.

Art. 4. — Les sociétés, compagnies et particuliers qui, pour s'affranchir de l'obligation d'apposer et d'oblitérer les timbres mobiles, veulent soumettre au timbre à l'extraordinaire des formules imprimées pour quittances, reçus ou décharges de sommes, sont tenus de déposer ces formules et d'acquitter les droits (sauf la remise de 2 % accordée à titre de déchet) au bureau de l'enregistrement de leur résidence où à ceux qui seront désignés par l'administration, s'il existe plusieurs bureaux dans la même ville.

Art. 5. — Les comptables de deniers publics, les agents spéciaux des services administratifs régis par économie, les trésoriers des corps de troupe et les sociétés, assureurs, entrepreneurs de transports et autres personnes assujetties par les lois en vigueur à la communication des documents énumérés dans les articles 22, de la loi du 23 août 1871, et 7, de la loi du 21 juin 1875, sont autorisés à acquitter les taxes exigibles sur les **états dits d'émargement, les registres de factage** et de **camionnage** et autres documents constatant les payements ou versements de sommes effectuées par eux, en apposant eux-mêmes sur ces états, registres et documents des **timbres mobiles** établis à l'article 1er du présent décret, représentant une somme égale au montant des taxes dues pour les payements et versements constatés sur une même feuille et opérés durant une même journée.

Dans ce cas, les timbres mobiles sont oblitérés par les comptables de deniers publics ou autres personnes désignées au paragraphe qui précède, dans les conditions et sous la responsabilité édictées par l'article 3 du présent décret.

Les personnes qui, sans être assujetties par la loi aux communications prévues par les articles 22 de la loi du 23 août 1871 et 7 de la loi du 21 juin 1875, prennent l'engagement de s'y soumettre, peuvent être autorisées par l'administration de l'enregistrement à user du bénéfice des deux paragraphes qui précèdent. Cette autorisation peut toujours être retirée.

# TITRE II

## Taxe de 0,20 %

sur le payement du prix de la vente au détail ou à la consommation de toutes marchandises, denrées, fournitures ou objets quelconques.

ART. 6. — Tout commerçant qui reçoit des **payements supérieurs à 150 francs** à raison de la vente au détail ou à la consommation de marchandises, denrées, fournitures ou objets quelconques, tient un **livre spécial** destiné à recevoir l'**inscription de tous les payements passibles de la taxe** de 20 centimes par 100 francs ou fraction de 100 francs instituée par l'article 23 de la loi du 31 décembre 1917.

ART. 7. — Le livre spécial prévu à l'article précédent peut être tenu soit sous la forme du **modèle n° 1** annexé au présent décret, soit sous celle d'un carnet à souche conforme au **modèle n° 2** également annexé.

Tout changement dans le modèle en usage doit être soumis par le commerçant à l'agrément de l'administration.

Chaque livre ou carnet doit être **numéroté en série** et, en cas de pluralité de caisses dans l'établissement, doit se référer à une seule d'entre elles.

Chaque opération à inscrire sur le livre ou sur le carnet comporte, sous une **série ininterrompue de numéros**, les indications suivantes qui, s'il est fait usage de carnets, doivent être reproduites sur la souche et sur le volant:

1° **Numéro d'ordre**;

2° **Date du payement**;

3° **Désignation** sommaire des **articles** qui, par leur prix, comportent le payement de la taxe;

4° **Prix desdits articles**;

5° **Taxe perçue.**

ART. 8. — Si le commerçant accepte de reprendre ou d'**échanger** les **objets vendus** les mentions ci-dessus sont complétées par les suivantes:

6° **Nom** et **adresse de l'acheteur**;

7° **Désignation** sommaire des **articles** rendus ou échangés;

8° **Date** à laquelle l'objet est rendu ou échangé;

9° **Taxe remboursée.**

Le commerçant peut également, s'il le préfère et en prévenant l'administration, inscrire les opérations portant sur la reprise ou l'échange des objets sur des livres ou carnets distincts, dits n° 2, et conformes au modèle ci-annexé (modèle n° 3).

Ces livres spéciaux et carnets n° 2 doivent être numérotés en série et se référer à la caisse qui a effectué les opérations inscrites au livre ou carnet n° 1.

Les indications suivantes doivent figurer sur le livre spécial n° 2 et dans le cas de **carnet n° 2**, sur la souche et sur le volant :

1° **Numéro d'ordre** ;

2° **Date de la vente** ;

3° **Date** à laquelle l'objet est **rendu** ou **échangé** ;

4° **Nom et adresse du client** ;

5° **Désignation** sommaire des **articles** rendus cu **échangés** ;

6° **Prix** desdits articles ;

7° **Taxe remboursée.**

ART. 9. — L'administration de l'enregistrement peut, sur demande des intéressés, les autoriser à adopter des livres spéciaux ou carnets à souche non conformes aux modèles ci-annexés, pourvu, néanmoins, qu'on y retrouve les mentions prévues aux articles 7 et 8 ci-dessus.

Toute modification au modèle ainsi autorisé doit faire l'objet d'une nouvelle autorisation.

ART. 10. — La taxe est acquittée au moyen de l'apposition simultanée, savoir :

1° De **timbres mobiles sur le livre spécial** ou sur les livres ou carnets à souche qui en tiennent lieu, en regard de l'inscription qui constate le payement ;

2° **D'estampilles de contrôle** sur l'écrit, signé ou non signé, qui est remis par le vendeur à l'acheteur.

Il est interdit de se servir isolément soit de l'estampille soit du timbre mobile.

Lorsqu'il n'est **pas** délivré de **quittance, le timbre mobile** et l'estampille de contrôle doivent être **apposés simultanément** sur le livre spécial.

ART. 11. — Les timbres mobiles et les estampilles de contrôle sont délivrés en même temps par l'administration de l'enregistrement.

A chaque timbre correspond une estampille portant indication de même valeur.

ART. 12. — Les timbres mobiles et les estampilles de contrôle sont immédiatement oblitérés par l'apposition à l'encre noire, en travers des timbres et des estampilles, de la signature du vendeur et de la date de l'oblitération.

Cette signature peut être remplacée par une griffe apposée à l'encre grasse, faisant connaître le nom ou la raison sociale du vendeur et la date de l'oblitération.

ART. 13. — Lorsque l'article vendu est rendu ou échangé, la **taxe** est remboursée par le vendeur à l'acheteur, puis restituée au vendeur par l'administration de l'enregistrement.

La restitution à effectuer au vendeur a lieu contre la remise à l'administration de l'enregistrement :

1° D'une déclaration par le vendeur établissant avec référence à la page du livre spécial ou du carnet à souche que la taxe a été effectivement remboursée ;

2° D'une déclaration de l'acheteur par laquelle celui-ci atteste sous sa signature l'exactitude des mentions prévues à l'article 8.

La déclaration est faite sur la quittance s'il en a été délivré une.

Pour donner droit à la restitution de la taxe, la reprise ou l'échange doit avoir lieu dans le délai de deux mois.

ART. 14. — Les **commerçants** qui en font la déclaration à l'administration de l'enregistrement sont **autorisés**, jusqu'à avis contraire qui serait notifié trois mois à l'avance, à **percevoir** sous leur responsabilité, pour le compte du Trésor, **la taxe exigible.**

S'il est délivré une quittance, la perception de la taxe est constatée par l'apposition sur l'écrit libératoire d'un timbre mobile portant imprimés les mots : « **Taxe payée en compte au Trésor** ».

Au moment du payement, la signature ou la griffe du commerçant doit être apposée sur ce timbre.

La quittance ainsi établie doit mentionner :

1° Le nom ou la raison sociale du vendeur, ainsi que son adresse ;

2° La date du payement ;

3° Le montant de la taxe perçue ;

4° Le numéro de la caisse qui a reçu le payement, si le commerçant utilise plusieurs caisses ;

5° Le numéro sous lequel l'article ou les articles vendus sont inscrits sur le livre spécial ou sur les livres ou carnets de recettes.

ART. 15. — Le commerçant autorisé à user de la faculté prévue à l'article précédent établit, à la date du **dernier jour** de chaque **mois, un extrait** du livre spécial ou des carnets à souche.

L'extrait fait connaître :

1° Le **montant de la taxe perçue** du premier au dernier jour du mois inclusivement ;

2° **Le montant de la taxe remboursée** pendant le même laps de temps, à raison des objets rendus ou échangés dont il est justifié ;

3° La **balance** entre la taxe perçue et la taxe remboursée.

**L'extrait** est **certifié** par le commerçant.

ART. 16. — **L'extrait** est **déposé** dans les **dix premiers jours** de chaque mois, au bureau de l'enregistrement de la résidence du commerçant.

A Paris et dans les villes où il existe plusieurs bureaux d'enregistrement, le dépôt de l'extrait est effectué dans le ou les bureaux désignés spécialement à cet effet par l'administration de l'enregistrement.

Le **dépôt** est **accompagné du versement de la taxe perçue** d'après les indications de l'extrait, sous la déduction de la taxe applicable aux objets rendus ou échangés.

Si, au cours du mois, aucune inscription ne figure sur le livre spécial ou sur les livres ou carnets de recettes qui en tiennent lieu, l'extrait qui doit être remis au bureau de l'enregistrement porte la mention : « Néant ».

Art. 17. — Si, par suite des vérifications opérées ultérieurement par le commerçant, des erreurs ou omissions sont constatées, la taxe se rapportant à ces erreurs ou omissions fait l'objet d'un état spécial et détaillé indiquant les différences en plus, ou en moins. Cet état est déposé au bureau de l'enregistrement en même temps que l'extrait s'appliquant au mois pendant lequel les erreurs ou omissions ont été reconnues.

Art. 18. — Le commerçant qui possède indépendamment d'un établissement principal, une ou plusieurs agences ou succursales doit y tenir, pour recevoir l'inscription des payements effectués à l'agence ou à la succursale et passibles de la taxe, soit le livre spécial prévu aux articles 7 et 8, soit les carnets à souche.

Chaque agence ou succursale doit, en outre, effectuer, à l'époque indiquée à l'article 17, la production des extraits prévus à l'article 16, accompagnée, s'il y a lieu, du versement de la taxe.

Art. 19. — Le livre spécial prévu aux articles 7 et 8 et les carnets à souche sont, à toute réquisition, représentés aux préposés de l'administration de l'enregistrement pour leur permettre de s'assurer de l'exacte application des dispositions de la loi et du présent décret.

A cet effet, les documents susvisés sont conservés pendant deux ans.

---

## TITRE III

## Taxe de 10 %

1° sur le payement de marchandises, denrées, fournitures ou objets offerts au détail ou à la consommation et classés comme étant de luxe ; 2° sur les dépenses afférentes au logement et à la consommation sur place de boissons et denrées alimentaires, dans un établissement classé comme établissement de luxe.

Art. 20. — Sont inscrits sur le **livre spécial** prévu aux articles 6, 7 et 8 ci-dessus :

1° **Tous les payements de marchandises**, denrées, fournitures ou objets quelconques, offets au détail ou à la consommation, sous quelque forme ou dans quelque condition que ce soit, et classés comme étant **de luxe** ;

2° **Toutes les dépenses** afférentes au logement ou à la consommation sur place de boissons et denrées alimentaires quelconques dans un établissement classé comme **établissement de luxe.**

En ce qui touche les payements afférents à des dépenses concernant le logement ou la consommation sur place de boissons et denrées alimentaires, les mentions inscrites sous les n°s 3 et 4 de l'article 7 et le n° 5 de l'article 14 sont remplacées par des indications appropriées à la nature des opérations commerciales effectuées dans l'établissement.

ART. 21. — Il est créé pour l'acquittement de la taxe de 10 % prévue par les articles 27 et 28 de la loi du 31 décembre 1917 des **timbres mobiles** représentant les valeurs suivantes : 10, 20, 30, 40, 50, 60, 70, 80, 90 **centimes,** 1, 2, 3, 4, 5, 6, 7, 8, 9, 10, 20, 30, 40, 50, 100, 200, 300, 400, 500, 1.000, 2.000, 3.000, 4.000 **et** 5.000 fr.

Ces timbres sont conformes au modèle annexé au présent décret. Leur couleur peut être modifiée par arrêté du ministre des finances.

Le ministre des finances détermine également le type des timbres à l'extraordinaire qu'il estimerait y avoir lieu de créer pour une ou plusieurs des valeurs prévues ci-dessus.

ART. 22. — Sont applicables à la taxe de 10 %, instituée par les articles 27 et 28 de la loi du 31 décembre 1917, les dispositions des articles 10 à 19 du présent décret.

ART. 23. — La **quittance** que le vendeur non commerçant doit délivrer aux termes de l'article 27, paragraphe 4, de la loi à raison de la vente de marchandises, denrées, fournitures ou objets quelconques offerts au détail ou à la consommation et classés comme objets de luxe doit supporter la taxe de 10 %, qui la frappe également, au moyen de l'**apposition de timbres mobiles.**

---

# TITRE IV

## Achats faits par des Commerçants

ART. 24. — Le commerçant qui achète pour les revendre à un non commerçant ou à un commerçant même vendant au détail ou à la consommation des marchandises, denrées, fournitures ou objets quelconques doit acquitter la taxe, à moins qu'il ne produise au vendeur un écrit revêtu de sa signature faisant connaître ses nom, prénoms et adresse et attestant sous la responsabilité du déclarant:

1° Qu'il est soumis à l'impôt établi par les articles 2 à 12 de la loi du 31 juillet 1917, sur les bénéfices des professions commerciales et industrielles, ou qu'il se trouve dans l'un des cas d'exonération prévus à l'article 13 de ladite loi ;

2° Qu'il achète pour son propre compte.

Cette disposition n'est pas applicable aux commissionnaires ou aux courtiers inscrits au rôle de la contribution sur les bénéfices des professions commerciales ou industrielles et qui, sous une forme qui sera arrêtée par le ministre des finances, établiront que les marchandises achetées sont destinées à un commerçant ;

3° Que les marchandises achetées sont destinées à être vendues, transformées ou non, et doivent supporter à ce moment la taxe.

L'attestation porte le nom et l'adresse de l'acheteur ainsi que sa signature.

Cette exemption n'est pas applicable aux achats faits dans les ventes publiques qui sont soumises en vertu de l'article 27, 3ᵉ paragraphe de la loi du 31 décembre 1917, à un droit d'enregistrement de 10 %.

ART. 25. — Les paiements afférents aux marchandises, denrées, fournitures ou objets quelconques vendus à un commerçant, dans les conditions prévues à l'article précédent, sont inscrits soit au livre spécial, soit au carnet à souche sur lequel doivent figurer les ventes aux termes des articles 7 et 8 du présent décret.

L'inscription est émargée d'une mention ainsi conçue :

« Exemption. Vente à un commerçant. Quittance ou autre pièce. »

La quittance à délivrer par le vendeur non commerçant, en vertu de l'article 27, 4ᵉ paragraphe de la loi du 31 décembre 1917, doit, lorsqu'elle est remise à un commerçant qui achète en vue de la revente, reproduire les mentions prévues à l'article 24 ci-dessus.

ART. 26. — Les quittances et autres pièces sont conservées par les commerçants pendant deux ans, pour être représentées, à toute réquisition, aux préposés de l'administration de l'enregistrement.

ART. 27. — L'administration de l'enregistrement, des domaines et du timbre fera déposer aux greffes des cours et tribunaux des spécimens de timbres mobiles, des estampilles de contrôle, et des empreintes de timbre, créés par le présent décret. Il sera dressé, sans frais, un procès-verbal de chaque dépôt.

# ANNEXES

## ANNEXE I

*Modèle du livre spécial annexé au règlement d'administration publique du 29 mars 1918.*

| NUMÉROS d'ordre | DATE du payement | DÉSIGNATION sommaire des articles | PRIX des articles | TAXE PERÇUE | | NOM et adresse de l'acheteur | DÉSIGNATION sommaire des articles rendus ou échangés | DATE du rendu ou de l'échange | TAXE remboursée |
|---|---|---|---|---|---|---|---|---|---|
| | | | | Taxe de 0.20 p. 100 | Taxe de 10 p. 100 | | | | |
| 1 | 2 | 3 | 4 | | 5 | 6 | 7 | 8 | 9 |
| | | | fr.   p. | fr.   c. | fr.   c. | | | | fr.   c. |

<table>
<tr><td>

## ANNEXE II

*Modèle du Carnet de Recettes n° 1*
*annexé au Règlement d'Administration publique*
*du 29 mars 1918.*

</td><td>

## ANNEXE III

*Modèle du Carnet n° 2 (Objets rendus ou échangés)*
*annexé au Règlement d'Administration publique*
*du 29 mars 1918.*

</td></tr>
</table>

| CAISSE N° | CARNET N° | | CAISSE N° | CARNET N° |
|---|---|---|---|---|
| Folio........ . | Folio.........,... | | Folio   Caisse n°   Carnet n° | Folio   Caisse n°   Carnet n° |
| Caisse n°   Carnet n° | Caisse n°   Carnet n° | | Vente du | Vente du |
| Payement le | Payement le | | Rendu ou échange du | Rendu ou échange du |
| Objets vendus : | Objets vendus : | | Nom et adresse de l'acheteur : | Nom et adresse de l'acheteur : |
| | | | Objet : | Objet : |
| Prix,,...,... | Prix........ | | Prix...........  | Prix..........  |
| Taxe perçue... | Taxe perçue... | | Taxe remboursée : | Taxe remboursée : |

# BUT ET PORTÉE DE LA LOI

*Régime antérieur à la loi du 31 décembre 1917.* — Avant la loi du 31 décembre 1917, tous les payements civils ou commerciaux, quelle qu'en fût la cause, étaient soumis au même régime fiscal.

Aucun impôt n'était exigible si le payement n'était pas constaté par un écrit signé ou non.

Fixé d'abord à 10 centimes (art. 18 de la loi du 23 août 1871), et applicable seulement au delà de 10 francs, ce droit de timbre fut gradué par l'article 28 de la loi du 15 juillet 1914 de 10 centimes à 50 centimes, suivant l'importance de la somme faisant l'objet du paiement.

Un certain nombre d'exemptions furent prononcées, soit par la loi du 23 août 1871, soit par les lois postérieures.

*Régime nouveau institué par la loi du 31 décembre 1917.* — La loi du 31 décembre 1917 n'a pas abrogé complètement le régime antérieur ; mais elle a soumis à un régime nouveau :

1° Tous les payements civils, sauf quelques exceptions ;

2° Certains payements commerciaux ;

3° Les payements correspondant à des dépenses de luxe.

Ces payements sont assujettis désormais à une taxe proportionnelle dont le taux est, pour les deux premières catégories de payements, de 20 centimes (0 fr. 20) par 100 francs ou fraction de 100 francs, sans addition de décime, et, pour la troisième catégorie, de 10 pour cent, également sans addition de décime.

Tous les autres payements restent soumis à la législation antérieure.

# RÈGLES

## RELATIVES A LA PERCEPTION DES NOUVELLES TAXES

### § I. — **Taxe sur les payements civils**

#### (Art. 19 à 22 de la loi du 31 décembre 1917)

La nouvelle taxe atteint en principe tous les payements *civils*, c'est-à-dire :

*a*) Les payements faits à des non-commerçants ;

*b*) Les payements faits à des commerçants pour une cause autre que l'exercice de leur commerce.

Quant aux payements *commerciaux*, ils demeurent soumis à l'ancien droit de timbre, à moins qu'ils ne correspondent à une vente au détail ou à la consommation rentrant dans la catégorie de celles visées à l'article 23 (*voir § II ci-après*).

Si c'est un *non-commerçant* qui reçoit et délivre quittance, la nouvelle taxe s'applique, quelle que soit la cause du payement.

Si c'est un *commerçant* qui reçoit et délivre quittance, et si le payement est fait pour une cause autre que l'exercice de son commerce, il s'agit d'un payement civil, et la nouvelle taxe est due. Elle n'est pas due dans le cas contraire. (Voir *Paiements commerciaux, page 30 pour les autres cas.*)

#### Exemples :

1° Un employé de commerce n'est pas commerçant, il reçoit son salaire ; le payement tombe sous l'application de la taxe de 0,20 par 100 francs.

De même la taxe est due par le fonctionnaire qui touche son traitement.

2° Un commerçant est propriétaire de maisons qu'il loue ; des loyers lui sont payés ; bien qu'il soit commerçant, c'est la nouvelle taxe qui est applicable, parce que, s'il a reçu des loyers, c'est comme propriétaire, c'est-à-dire pour une cause autre que l'exercice de son commerce.

3° Une compagnie d'assurances encaisse-t-elle le montant d'une prime ? c'est l'ancien droit de timbre qui est applicable, parce qu'on est en présence d'un payement fait à un commerçant pour une cause tenant à l'exercice de son commerce.

Mais, si cette compagnie verse à un commerçant ou à un non-commerçant le montant d'une indemnité de sinistre, le payement donnera lieu à la perception de la nouvelle taxe.

L'article 19 de la loi du 31 décembre 1917 doit être appliqué dans les mêmes conditions que l'article 18 de la loi du 23 août 1871, la nouvelle taxe étant substituée à l'ancien droit de timbre.

De là cette double conséquence :

1° Ce dernier article embrasse, dans la généralité de ses termes, tous les écrits libératoires possibles, toutes les écritures constatant un payement, sous quelque forme qu'elles se présentent, qu'elles soient ou non signées du créancier, et qu'elles aient ou n'aient pas le caractère d'un acte, dès lors qu'elles constituent pour le débiteur un titre libératoire susceptible de remplacer la quittance.

La nouvelle taxe sera donc perçue, comme l'était lui-même l'ancien droit de timbre, sur toute écriture constatant un payement, sous quelque forme qu'elle se présente, qu'elle ait ou non le caractère d'un acte, qu'elle soit signée ou non signée.

EXEMPLE :

La nouvelle taxe est due sur le bordereau, même non signé, écrit par un porteur de coupons et remis par lui au guichet d'une compagnie pour obtenir son payement, dès lors que ce bordereau est accepté par la compagnie et revêtu d'une estampille ou d'une mention d'acquit.

Par contre, la nouvelle taxe ne sera pas due si le porteur de coupons demeure étranger à la confection du bordereau, car, dans cette hypothèse, le bordereau, étant l'œuvre exclusive de la compagnie, ne peut être opposé au créancier comme titre libératoire.

2° De même que l'ancien droit de timbre, la nouvelle taxe ne sera due que pour des payements constatés par des écrits signés ou non signés.

Le texte de l'article 19 implique nécessairement l'existence matérielle d'un titre libératoire.

EXEMPLE :

La nouvelle taxe n'est pas applicable aux payements de coupons, effectués coupons contre argent, sans création de titre libératoire.

Il importe, d'ailleurs, de ne pas perdre de vue que la loi du 31 décembre 1917 vise, non seulement les payements, mais encore les *versements de sommes*, et, d'une façon générale, tous les actes portant reçu, quittance ou *décharge*.

Sauf les exceptions qui seront énumérées ci-après, la nouvelle taxe est due même sur les simples **décharges** de sommes, telles que les décharges données aux dépositaires ou aux mandataires.

Il faut, toutefois, qu'il s'agisse d'une décharge de *sommes*.

Les décharges de titres ou d'objets restent soumis au droit de timbre de 10 centimes.

Par conséquent, tout ce qui est dit au sujet des *payements* doit s'entendre de tous *versements, reçus ou décharges*, pourvu qu'il s'agisse de *sommes*.

La nouvelle taxe est perçue au taux de 20 centimes par 100 francs *ou fraction de 100 francs*.

Elle est :

De 20 centimes pour les payements n'excédant pas 100 francs ;

De 40 centimes pour les payements supérieurs à 100 francs, mais n'excédant pas 200 francs ;

De 60 centimes pour les payements supérieurs à 200 francs, mais n'excédant pas 300 francs ;

Et ainsi de suite.

EXEMPLE :

Pour 101 francs, la taxe est de 40 centimes comme pour 200 francs.

En principe, la taxe est à la charge du *débiteur*. Mais le créancier doit veiller à ce qu'elle soit régulièrement acquittée ; c'est lui qui, en cas de contravention, devient personnellement responsable de la taxe, nonobstant toute stipulation contraire.

D'un autre côté, si la taxe n'est pas régulièrement acquittée par le débiteur, le créancier est personnellement passible des pénalités prononcées par la loi ; il doit acquitter en outre tous les frais de poursuite.

*Payements non soumis à la taxe.* — Sont exemptés de la taxe nouvelle, d'après l'article 20 de la loi du 31 décembre 1917, et continuent d'être soumis, chacun en ce qui les concerne, aux droits de timbre en vigueur :

1° Les titres constatant l'extinction d'une dette par voie de compensation légale ou de confusion ;

2° Les acquits inscrits sur les chèques ainsi que sur les lettres de change, billets à ordre et autres effets de commerce assujettis au droit proportionnel de timbre (1) ;

3° Le renouvellement de lettres de change, billets et autres effets de commerce, qui reste soumis au droit proportionnel de timbre établi par les articles 1er de la loi du 5 juin 1850 et 18 de la loi du 31 décembre 1917 (Voir page 1) ;

4° Les quittances ou reçus de 10 francs et au-dessous, quand il ne s'agit pas d'un acompte ou d'une quittance finale sur une plus forte somme ;

5° Les quittances énumérées dans l'article 20, troisième et quatrième paragraphes, de la loi du 23 août 1871, savoir :

*a)* Les quittances énumérées en l'article 16 de la loi du 13 brumaire an VII, à l'exception de celles relatives au traitement et émoluments des fonctionnaires, officiers des armées de terre et de mer, et employés salariés par l'État, les départements, les communes et tous établissements publics ;

*b)* Les quittances délivrées par les comptables de deniers publics, celles des douanes, des contributions indirectes et des postes, qui restent soumises à la législation qui leur est spéciale ;

6° Les reçus délivrés par les banques aux clients titulaires de comptes de dépôts, ainsi que les reçus donnés par lesdits titulaires, lorsqu'ils ont exclusivement pour objet de constater les versements ou les retraits effectués par les clients au crédit ou au débit de leur propre compte (2) ;

7° Les quittances ou reçus de sommes déposées ou consignées chez des officiers publics ou ministériels en leur dite qualité, lorsqu'elles n'opèrent pas vis-à-vis des tiers la libération des déposants,

-----

(1) En ce qui concerne les acquits inscrits sur les chèques, il est essentiel d'observer que la loi nouvelle ne fait que reproduire les termes de l'article 20, n° 1, de la loi du 23 août 1871 qui exonérait ces acquits du timbre de quittance. La disposition de la loi du 31 décembre 1917 doit donc recevoir la même interprétation que ce texte. L'exonération ne s'applique qu'à l'acquit du montant du chèque donné sur le chèque *par le porteur au tiré.* Il est bien entendu que, si le chèque est remis en payement d'une *dette* à toute autre personne que le tiré, la nouvelle taxe est exigible comme l'était le droit de timbre de quittance, sur l'accusé de réception du chèque adressé par cette personne à celui qui le lui a remis, ou sur tout autre écrit constatant que cette remise a eu lieu à titre de payement. C'est là un point qui a été nettement spécifié au cours de la discussion du projet de loi.

(2) Il a été entendu, au cours de la discussion du projet de loi :

1° Que l'exception prévue par la loi s'appliquerait au cas du mandataire qui viendrait, au nom du client, pour verser ou retirer des fonds à un compte de dépôts ouvert dans une banque ;

2° Que la loi visait uniquement les comptes de dépôts de fonds, et non pas les comptes courants en banque ;

3° Que le dépôt de titres restait soumis à l'ancien droit fixe de 10 centimes.

et les décharges que donnent les déposants ou leurs ayants cause auxdits officiers publics ou ministériels, lorsqu'est faite la remise des sommes consignées ou déposées.

Toutes ces quittances restent soumises à la législation antérieure.

Il a, d'ailleurs, été reconnu, au cours des travaux parlementaires, que la nouvelle taxe n'atteint par les virements en banque.


## § II. — Taxes sur certains payements commerciaux

### (Art. 23 à 26 de la loi du 31 décembre 1917)

*Principes généraux de la perception.* — A la différence de ce qui a lieu pour les payements civils, la nouvelle taxe n'atteint pas tous les payements commerciaux.

L'article 23 de la loi du 31 décembre 1917 vise uniquement « le payement de la vente au détail ou à la consommation de toutes marchandises, denrées, fournitures ou objets quelconques. »

Le seul payement passible de la nouvelle taxe est donc le payement du prix de la vente faite *au détail ou à la consommation.*

L'expression « vente au détail » n'est pas prise dans un sens opposé à celle de « vente en gros ». Les mots « vente au détail ou à la consommation » paraissent désigner uniquement la vente faite à la personne qui doit utiliser l'objet ou consommer le produit, c'est-à-dire celle qui clôt le cycle des transmissions commerciales pouvant porter sur cet objet ou ce produit, à l'exclusion des ventes faites à des intermédiaires. Ainsi, le prix de la vente consentie *directement* à un consommateur, par un marchand en gros, de quantités, même importantes, de marchandises, tomberait sous le coût de la nouvelle taxe.

« On a décidé que les commerçants, quand ils faisaient acte de commerce, les commerçants en gros et en demi-gros, les industriels pour la transformation des produits et matières premières, les banques, quand il s'agit d'affaires circonscrites dans l'intérieur de leur maison, échapperaient à cette taxe pour éviter les répercussions. »

Tous les autres payements commerciaux restent soumis à la législation antérieure, et il en est ainsi notamment du payement du prix de toute vente faite *en gros ou en demi-gros.*

Est soumis à la nouvelle taxe le payement des marchandises importées, lorsque ces marchandises sont destinées aux consommateurs.

En sont exempts les payements de livraisons à l'étranger de marchandises fabriquées ou produites en France (1)

De même que pour les payements civils, la taxe applicable aux payements commerciaux de la nature de ceux visés par l'article 23 de la loi du 31 décembre 1917 est de 20 centimes (0 fr. 20) par 100 francs ou fraction de 100 francs.

Trois cas sont à considérer ici :

*1er cas.* — Jusqu'à 10 francs inclusivement, les payements sont exonérés de la taxe (art. 23, 2e paragraphe).

*2e cas.* — De 10 francs à 150 francs inclusivement, la taxe n'est due que si l'acheteur se fait délivrer un titre, signé ou non, en constatation du payement.

*3e cas.* — Lorsque le payement effectué dépasse 150 francs, la taxe est toujours due, même s'il n'est remis à l'acheteur aucun titre libératoire.

Quand on se trouve en présence d'un client qui a acheté, dans la même maison plusieurs articles de même nature et espèce, faut-il, pour régler la perception de la taxe, alors qu'aucun de ces articles ne dépasse 150 francs, considérer le prix unitaire de chaque article ou la dépense totale faite par l'acheteur?

La perception doit se régler, non pas d'après le prix de chaque objet séparément, mais d'après la totalité du payement.

Exemples :

L'employé qui paie un chapeau de 9 fr. 50 n'a aucune taxe à supporter en aucun cas.

La cuisinière qui paie au boucher 10 fr. 50 de viande, — l'homme qui paie à son tailleur un complet ordinaire de 150 francs, n'ont aucune taxe à joindre à leur paiement s'ils ne réclament pas de reçu ou de facture acquittée.

S'ils exigent ce titre, ils doivent payer :

la cuisinière       une taxe de 0 fr. 20
le client du tailleur      —     0 fr. 40

Le complet de ce dernier, même à défaut de facture acquittée, supporterait la même taxe de 0 fr. 40 s'il était du prix de 155 francs.

*<br>* *

La cuisinière qui au lieu de payer chaque jour son achat au boucher

---

(1) Nous nous tenons à la disposition des intéressés pour leur fournir, le cas échéant, tous renseignements complémentaires à ce sujet. (*L'Union Economique de l'Est*, Nancy.)

— supposé en moyenne de 10 fr. 50 — attendra la fin du mois pour régler, paiera pour 30 jours 315 francs, plus une taxe de 0 fr. 60, même si elle ne réclame pas de facture.

* *

Une personne fait le même jour dans une même maison de commerce une série d'emplettes ordinaires coûtant respectivement 15 fr., 103 et 38 fr. Total : 156 francs ; elle doit acquitter 0 fr. 40 de taxe.

* *

Dans les exemples précédents il ne s'agit que de marchandises ordinaires.

### Autres Exemples :

La vente de 5.000 kilos de houille à 120 francs la tonne faite par un négociant en gros à un détaillant n'est pas passible de la taxe.

Cette même vente faite à un hôtelier pour sa consommation doit-elle acquitter la taxe (1 fr. 20)? On n'est pas encore fixé sur ce point.

* *

**Importation.** — 100 balles de café importées du Brésil par un négociant français qui les revend à des épiciers détaillants n'ont pas à acquitter la taxe nouvelle; celle-ci est seulement applicable lors de la vente de ce café par le détaillant au consommateur.

Un wagon de cacao importé par une chocolaterie qui le transforme est exempt de la taxe. La vente même du chocolat par le fabricant au détaillant est exempte. Seul, le paiement d'un achat fait par le client consommateur direct est taxé.

Le paiement de l'achat direct à l'étranger d'un produit quelconque destiné à son usage personnel ou à sa consommation par un particulier, est soumis à la taxe.

Le paiement d'un chargement de coton importé d'Amérique par une filature française n'est pas soumis à la taxe.

Il en est de même du paiement des filés produits avec ce coton, achetés par un tisseur, de même de la toile ou du fil acheté par le fabricant de lingerie.

Les objets fabriqués par celui-ci et vendus au détail dans un magasin lui appartenant, acquittent la taxe lorsque l'acheteur les paie.

Si ces objets sont vendus à l'étranger, leur paiement ne donne lieu à aucune taxe.

Semblables marchandises achetées en Angleterre par un commerçant français pour être vendues en Italie acquitteront la taxe.

En résumé, exemption faite du paiement des marchandises produites ou fabriquées en France et livrées à l'étranger, le paiement de toute marchandise, fourniture ou objet acheté par le dernier destinataire ou commerçant donne lieu à perception de la taxe.

Dans tous les cas où la taxe est exigible, en vertu de l'article 23 de la loi du 31 décembre 1917, elle remplace le droit de timbre établi par les articles 18 de la loi du 23 août 1871 et 28 de la loi du 15 juillet 1914 sur les titres emportant libération, reçu ou décharge de sommes (art. 23, 3ᵉ paragraphe, de la loi du 31 décembre 1917).

L'ancien droit de timbre n'est donc jamais applicable aux payements qui font l'objet de l'article 23. Ces payements demeurent exclusivement soumis à la nouvelle taxe.

L'article 24 de la loi du 31 décembre 1917 pose en principe que la taxe « est à la charge de l'acquéreur ou du consommateur ».

Mais l'article 26 fait une obligation au vendeur de veiller à ce que la taxe soit régulièrement acquittée.

D'après ce dernier article, s'il y a contravention, le vendeur est responsable de l'amende ; il peut, en outre, être poursuivi en payement du droit simple, sauf son recours contre l'acheteur ou le consommateur.

L'article 24 de la loi du 31 décembre 1917 porte que la taxe doit être versée « lors du payement total ou partiel du prix ».

Il convient d'observer que ce n'est pas la vente qui constitue le fait générateur de l'impôt, mais bien le payement du prix.

Par conséquent, lorsque le prix est payé par acomptes, le versement du premier acompte n'entraîne pas nécessairement l'exigibilité immédiate de la taxe sur la totalité du prix. La taxe ne devient exigible qu'au fur et à mesure du versement des acomptes, et elle n'est due, chaque fois, que sur le montant de l'acompte réellement versé.

## § III. — Taxe sur les dépenses de luxe

### (Art. 27 et 28 de la loi du 31 décembre 1917)

Le payement de ces dépenses, qu'elles appartiennent à la première catégorie (marchandises, denrées, fournitures, objets de luxe) ou à la seconde catégorie (dépenses afférentes à la consommation dans les établissements de luxe), est frappé d'une taxe de 10 p. 0/0 qui est perçue au moment du payement, sans addition de décimes.

Cette taxe est à la charge de l'acheteur ou consommateur. Mais, comme en matière de payements commerciaux, le vendeur doit veiller à ce qu'elle soit régulièrement acquittée, sous peine d'encourir l'amende de 6 p. 0/0 (7 fr. 50 p. 0/0, avec les décimes) prononcée par l'article 26 de la loi du 31 décembre 1917, sans préjudice d'une majoration de 25 p. 0/0 à chaque récidive.

Il y a lieu d'observer que la perception de la taxe de 10 p. 0/0 exclut la taxe de 20 centimes par 100 francs, les deux taxes ne pouvant ni se cumuler, ni se superposer.

Aucun paiement d'une dépense de 1 franc et moins n'est soumis à la taxe, s'il ne s'agit pas d'un acompte sur une plus forte somme. Cette règle s'applique aux paiements visés par les articles 27 et 28 de la loi.

Au delà d'un franc, les sommes passibles de la taxe sont arrondies de franc en franc, inclusivement et sans frais. Ainsi, un paiement de 1 fr. 10 supportera la taxe de 0 fr. 20 comme pour 2 francs. Un paiement ou une dépense de 2 fr. 90 supportera la taxe de 0 fr. 30 comme pour 3 francs.

Lorsque le prix d'un objet classé au tableau B dépassera le chiffre porté à ce tableau, la taxe sera perçue, non pas seulement sur la somme excédant ce chiffre, mais sur le prix total de l'objet, tel qu'il sera payé par l'acheteur.

EXEMPLE :

Un objet est classé comme étant de luxe, à partir de 50 francs ; s'il est vendu 60 francs, la taxe sera due sur 60 francs, sans aucune déduction et non pas seulement sur la différence entre 50 et 60 francs.

Lorsque plusieurs objets classés comme étant de luxe, soit au tableau A, soit au tableau B, seront vendus au même acheteur et compris dans la même facture ou quittance, la taxe sera perçue séparément sur le prix de chaque objet, et non pas sur l'ensemble du prix de ces objets.

Les œuvres originales de peinture, aquarelles, pastels, dessins, sculptures, vendus directement par l'auteur, sont exemptés de la taxe.

OBSERVATION GÉNÉRALE. — Lorsqu'il s'agit de créances moratoriées, si l'acheteur justifie qu'il avait droit à bénéficier du moratoire, la taxe de 10 % ne lui sera pas appliquée, pas davantage s'il y a eu, avant le 10 avril 1918, remise d'une lettre de change.

## Dispositions spéciales

### aux ventes de marchandises, denrées, fournitures ou objets de luxe.

*Obligations du vendeur commerçant.* — D'après l'article 27, 4e paragraphe de la loi du 31 décembre 1917. « toute transaction portant sur une marchandise ou un objet de luxe, quel qu'en soit le prix, est obligatoirement constatée, lorsque le vendeur est commerçant, par l'inscription sur un livre de commerce agréé par l'Administration ».

Ce livre pourra être, au choix du commerçant, soit le livre spécial prévu à l'article 25 de la loi, soit tel autre livre de commerce qui présentera les garanties nécessaires et sera agréé par le directeur du département.

*Obligations du vendeur non commerçant.* — Le vendeur non commerçant n'est pas évidemment tenu d'inscrire la vente sur un livre spécial. Mais le même article, même paragraphe de la loi du 31 décembre 1917 lui fait une obligation absolue de « délivrer une quittance ».

Le vendeur non commerçant devra donc délivrer une quittance, même si le prix de la vente, au lieu d'être payé en espèces, est acquitté au moyen d'un chèque, d'une lettre de change, d'un billet à ordre ou de tout autre effet de commerce.

*Point de départ de l'application de la loi.* — Le législateur a prévu que les nouvelles taxes seraient exigibles trois mois après la promulgation de la loi. La loi ayant été promulguée au *Journal Officiel* du 1er janvier 1918, c'est donc à partir du 2 avril 1918 *inclusivement* que les nouvelles taxes seront appliquées.

Par conséquent, tous les payements qui seront effectués à partir du 2 avril 1918 inclusivement devront, quand ils rentreront dans la catégorie des payements visés par la loi du 31 décembre 1917, être assujettis aux nouvelles taxes, quelle que soit la date de la créance ou de la vente.

# MEMENTO

## CAS D'APPLICATION

### DES TAXES ANCIENNES ET NOUVELLES

#### (SOUS TOUTES RÉSERVES)

**Acquit** sur chèque, lettre de change, billet à ordre et autres effets de commerce : EXEMPTION.

Si remise du chèque acquitté est faite à une tierce personne : EXEMPTION.

**Billet** de chemin de fer, quel que soit le prix : NOUVELLE TAXE (prélevée par C$^{ie}$).

**Billet** à ordre : TAXE ART. 18, LOI 31/12-18.

**Bordereau** écrit par le porteur de coupons et remis au guichet d'une Compagnie pour obtenir paiement :

Si le bordereau est revêtu d'une estampille ou mention d'acquit : NOUVELLE TAXE.

Si le bordereau est fait par la Compagnie ou le banquier et ne peut servir de titre libératoire : EXEMPTION.

Si le bordereau, dressé par la Compagnie ou le banquier, est signé du porteur de coupons : NOUVELLE TAXE.

**Chèques** : ANCIENNE TAXE (aucun changement).

**Chèque** remis pour paiement civil : jusqu'à 150 fr. : AUCUNE TAXE ; au delà : NOUVELLE TAXE.

**Chèque** remis pour paiement commercial (entre commerçants) : AUCUNE TAXE.

**Chèque** remis pour paiement commercial par un consommateur : NOUVELLE TAXE.

**Comptes** de dépôts de fonds en banque (mouvements sur) : ANCIENNE TAXE (?)

**Comptes** courants en banque (mouvements sur) : NOUVELLE TAXE (?)

**Coupons** (paiement de) contre argent sans titre : EXEMPTION.

**Décharge** de sommes en dépôt chez un particulier : NOUVELLE TAXE.

**Décharge** de titres ou d'objets : EXEMPTION.

**Dépenses** de luxe (marchandises, tableaux A et B) : TAXE 10 %.

**Dépense** supérieure à 1 franc dans les établissements de luxe :
TAXE 10 %.

**Dépôt** ou retrait de titres en banque : ANCIENNE TAXE.

**Encaissement** d'une prime par une C^ie d'assurances : ANCIENNE TAXE.

**Marchandises importées** par consommateur : NOUVELLE TAXE.

**Marchandises importées** pour transformation : ANCIENNE TAXE.

**Paiement** fait à un commerçant pour une cause autre que son commerce, ou à un non-commerçant :

    Avec titre libératoire : NOUVELLE TAXE.
    Sans titre libératoire : PAS DE TAXE.

**Paiement** de l'eau et du gaz, du charbon, etc., à une C^ie ou à une ville, à un commerçant :

    Par le consommateur direct « avec titre » : NOUVELLE TAXE.
    Par un industriel ou commerçant pour son commerce : ???

**Paiement** de **lettre** de voiture, par un commerçant ou par un particulier : ANCIENNE TAXE.

**Exportation** : paiement de livraison à l'étranger pour marchandises fabriquées ou produites en France : EXEMPTION.

**Appointements et salaires** :

    Règlement sans titre ni émargement : PAS DE TAXE.
    Avec émargement ou titre : NOUVELLE TAXE.

**Prime** à un voyageur de commerce :

    Attaché à la maison, « avec titre » : NOUVELLE TAXE.
    Indépendant : ANCIENNE TAXE.

**Prélèvement** sur comptes courants personnels : ANCIENNE TAXE.

**Quittance** de loyer civil : NOUVELLE TAXE.

**Quittance** de loyer commercial : NOUVELLE TAXE.

**Quittance** ou reçu délivré par un commerçant :

    Si le paiement est fait pour une cause autre que l'exercice de son commerce : NOUVELLE TAXE.
    Pour son commerce : ANCIENNE TAXE.

**Quittance** ou reçu délivré par un non-commerçant, quelle que soit la cause du paiement : NOUVELLE TAXE.

**Quittance** ou reçu de 10 fr. et au-dessous s'il ne s'agit pas d'acompte ou d'acquit final : EXEMPTION.

**Quittance** ou reçu de somme déposée ou consignée chez un officier public ou ministériel, sauf le cas où la quittance comporte libération vis-à-vis d'un tiers : ANCIENNE TAXE.

**Reçu** d'abonnements de journaux : NOUVELLE TAXE.

**Reçu** délivré par une banque au titulaire d'un compte :

    *a)* Courant : NOUVELLE TAXE (?)
    *b)* De dépôt : ANCIENNE TAXE (?)

**Reçu** donné par le titulaire pour constater des versements ou retraits effectués sur leur propre compte :

    *a*) Courant : NOUVELLE TAXE (?)

    *b*) De dépôt : ANCIENNE TAXE (?)

**Reçu** de salaires ou d'appointements : NOUVELLE TAXE.

**Reçu** de traitement à un fonctionnaire : NOUVELLE TAXE.

**Renouvellement** des lettres de change, billets et autres effets de commerce : TAXE ART. 18, LOI 30/3-18.

**Traites** (20 centimes %) : TAXE ART. 18, LOI 30/3-18 (V. page ?).

**Vente** au consommateur ou au détail :

    *a*) Plus de 10 fr., jusqu'à 150 fr. inclus sans reçu : EXEMPTION.

    *b*) Plus de 10 fr. avec reçu : NOUVELLE TAXE.

    *c*) Plus de 150 fr. avec ou sans reçu : NOUVELLE TAXE.

**Vente** en gros ou en demi-gros :

    A un consommateur : NOUVELLE TAXE.

    A un commerçant : ANCIENNE TAXE.

**Versement** d'une indemnité de sinistre à un commerçant ou à un non-commerçant par une C^ie d'assurances : NOUVELLE TAXE.

**Virement** en banque (ordre de) : ANCIENNE TAXE.

N. B. — Les paiements d'achats commerciaux effectués par des négociants en gros ou demi-gros, ou par des courtiers et commissionnaires ne sont exemptés de la nouvelle taxe que sur **justifications** spécifiées art. 21, décret du 29 mars 1918 (Journal Officiel du 30.

Les mots **ancienne taxe** signifient que l'on paie les taxes antérieures (non abrogées) à la loi du 31 décembre 1917, sous forme de timbres de quittance ou autres suivant les cas.

Plusieurs des cas controversés nous paraissent devoir être tranchés par la définition qu'a donnée du consommateur le ministre des finances dans son arrêté du 23 mars 1918 (*J. O.* 30/3 - 18, p. 2836) :

**CONSOMMATEUR =** Toute personne ne devant pas faire usage des marchandises, denrées, fournitures, objets pour l'exercice de son commerce.

www.ingramcontent.com/pod-product-compliance
Lightning Source LLC
LaVergne TN
LVHW021046050726
842519LV00003B/1028